the
POWER book

パワーブック

世界を変えてやるチカラ

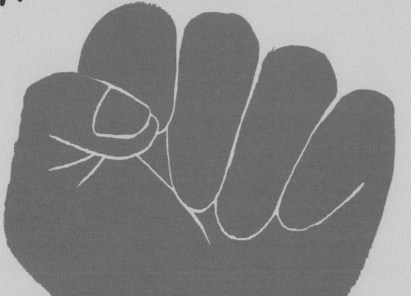

First published in the UK in 2019 by

Ivy Kids

An imprint of The Quarto Group
The Old Brewery
6 Blundell Street
London N7 9BH
United Kingdom
www.QuartoKnows.com

Illustration copyright © 2019 Joelle Avelino
Illustration copyright © 2019 David Broadbent
Text, design and layout copyright © 2019 Quarto Publishing plc

PUBLISHER	David Breuer
IN-HOUSE TEAM	Susie Behar, Hannah Dove,
	Kate Haynes & Lucy Menzies
ART DIRECTOR	Hanri van Wyk
PROJECT EDITOR	Claire Saunders
DESIGNERS	Claire Munday & Suzie Harrison

Japanese translation rights arranged with Quarto Publishing Plc, London
through Tuttle-Mori Agency, Inc., Tokyo
This edition published in 2020 for Tokyo Shoseki Co., Ltd.

訳：水島ぱぎい
翻訳協力：株式会社トランネット (http://www.trannet.co.jp/)
日本版装幀：長谷川理 (Phontage Guild)
日本版編集：小島卓（東京書籍）

パワーブック
世界（せかい）を変（か）えてやるチカラ

2020年8月29日　　　第1刷発行

著　者　ロクサーヌ・ゲイ ／ クレア・サンダース ／
　　　　ヘイゼル・ソングハースト ／ジョージア・アムソン=ブラッドショー ／
　　　　ミナ・サラミ ／ ミック・スカーレット
イラスト　ジョエル・アベリーノ ／ デビッド・ブロードベント
発行者　千石雅仁
発行所　東京書籍株式会社
　　　　〒114-8524　東京都北区堀船2-17-1
　　　　03-5390-7531（営業）　03-5390-7526（編集）
　　　　https://www.tokyo-shoseki.co.jp

ISBN978-4-487-81355-1　　C8036

the POWER book

パワーブック

序文

ロクサーヌ・ゲイ

著者

クレア・サンダース
ヘイゼル・ソングハースト
ジョージア・アムソン=ブラッドショー
ミナ・サラミ
ミック・スカーレット

イラスト

ジョエル・アベリーノ
デビッド・ブロードベント

目次
もくじ

人々に力を！
ひとびと　ちから

女性に
じょせい
権利を！
けんり

平和！
へいわ

みんな<ruby>力<rt>ちから</rt></ruby>を<ruby>持<rt>も</rt></ruby>ってる！

ロクサーヌ・ゲイからみなさんへ

子供のころ、あれをしろ、これをしろ、と言われることがきらいでした。両親の言う通りに、起きたりねたりしなくてはならない。お手伝いをして、学校に行って、宿題をして、それから部屋もきれいにしなくてはならない。弟たちをからかっちゃいけないし、外で遊ぶときは暗くならないうちに帰らなくちゃいけない。学校でも、先生に何をやれとか、いつやれとか言われる。ほとんど自分の思い通りにできなくて、うんざりしていました。

大きくなるにつれて、命令されるのがきらいなのは、自分にはほとんど力がないのに、たくさんの他人が私に対して大きな力を持っていることがいやだからだとわかってきました。力とは、ある程度、自分の時間や体、生き方をコントロールできることなんだとわかってきました。

ロクサーヌ・ゲイはアメリカの作家で、自分にとって大切なことをテーマに作品を書きます。彼女の本はたくさんの人に読まれ、彼女の言葉は社会の大切なことに対する読者の考え方に影響をあたえます——すばらしい力です。

私たちは世界のあらゆる形の力にかかわっています。まず、個人の力——これは、日常の中で私たちが持っている力のこと、そして、自分で選べるということを意味します。つぎに、経済の力——これは、お金によって生じる力のこと、そして、お金で何をするかということです。そして、もちろん、政治の力があります——これは、投票したり、心配事について声を上げたり、まちがいだと思うことに反対したりする時に必要な力です。また、政府の代表が法律を作ったり国を治めたりするための力です。

　力について知り、力がいろんな点で私たちの生活に影響をあたえているのだと理解することが大切です。力を持っていることと力を持っていないことが、それぞれどんな意味を持つのかを理解するのも大切です。力は良いことにも悪いことにも使われますが、それ自体は、良いものでも悪いものでもありません。

　200年以上も前に生まれた、こんなことわざがあります——「権力は腐敗しやすい。そして絶対権力は必ず腐敗する」。権力を手に入れた人がそれを悪用することが、それだけ多いということです。そして、だれかがあまりに大きな権力を手に入れて、その権力に立ち向かおうとする人がいないと、その権力者はますます自分勝手になります。

　でも、力のことをよく理解すれば、力を持つことには責任もともなうのだとわかるようになるでしょう。この本を読んで、力について知ってください。力を持つことの意味と、力を使うことで自分や大切な人たちのために変えられる物事があるということを知ってください。あなたがどんな性格をしていて何才だろうと、あなたはこの世界に変化を生み出せます。

はじめに

　もしだれかが「力」を持っているなら、その人はその力を使って、世の中の物事や人間関係を変えることができます。力自体は良いものでも、悪いものでもありません。良いか悪いかは、力の使われ方によります。

　力には、良い使われ方があります。例えば、親があなたを愛しているからこそ、チョコレートをたくさん食べちゃいけませんと言ったり、夜の10時前にはベッドに入りなさいと言ったりするとき。悪い使われ方もあります。例えば、万引きしないと秘密をばらしてやると、友だちにおどされるとき。使われ方はちがうけれど、どちらもあなたと親や友だちとの間には力が働いています。

　リーダー、先生、親、それにあなたたちもふくめて、いろんな人がいろんな力を持っています。この本では、人が持ついろんな種類の異なる力や、なぜ他の人が持っている力を持っていない人がいるのかなどを学びます。力のルールを変えることで自分や他の人の暮らしをより良くしようとした、すばらしい人たちについても学びます。

　力は目に見えないものですが、この本を読み終えるまでには、あなたにはそれを見つけるアンテナが備わっているでしょう。

人類には子供に最善のものを
あたえる義務がある。
エグランティン・ジェップ（1876年-1928年）

日常の中の力

　ふだんは気にしていないかもしれませんが、日常の中の力は、いつもあなたの周りにあります。力はあなたと友だち、親、先生との関係に影響をあたえ、力によってあなたの時間の過ごし方が決まります。

　その力を見つける簡単な方法があります。歯みがきから、宿題、部屋のそうじまで、守らなければならないルールすべてを思いうかべてみて。だれもがルールにしたがわなくてはなりません——親でも、先生でも、医者でも、警官でも。全員にあてはまるルールもあるし、特定の人や状況だけにあてはまるルールもあります。でも、すべてのルールが力と関係していて、**ルールが変われば、力とそれを持つ人が変わります。**

　この章には、日常の中の力がどんなふうに生活に影響をあたえているのかが書いてあります。日常の中の力がどんなものなのかを知り、理解し、あなた自身の力について考えてみてください。

大人の力やルールの力

家でも学校でも
大人の言うことを聞かないと
いけないのはなぜ？

毎日、私たちはいろんなルールを守らなくてはなりません。学校に着く時間、服装、ふるまい方、だれの言うことを聞くべきかなど。**いったい、だれがこんなルールを作ったの？　それに、どうして？**

生活の中のあらゆる場面で、ルールは力を持つ人によって作られます。学校で力を持っているのは先生。家で力を持っているのは親。つまり、先生や親の言うことを聞かなくてはならないということ。授業中におしゃべりしちゃいけないとか、決まった時間にねなきゃいけないとか。親には力があるために、どこの学校に行って、どこに住んで、何を食べるかというようなあなたにとって大切なことがらについて、親が決める場合があります。大人が作ったルールを守らなくてはならないのはイライラの元になるし、不公平だと思う気持ちも生みます。

残念ながら、大人は子供の言うことを聞いてくれません。力に差があるからです。大人のほうが子供よりたくさん力を持っています。

たいていの場合、大人は子供を守るためや、子供を健康で幸せな大人にするためにルールを決めます。例えば、決まった時間にねかせるのは、子供が健康でいるために十分にねむってほしいから。宿題をさせるのは、将来、大学に行ったり良い仕事についたりできるように、学校で良い成績を取ってほしいから。大人になった時に苦労しないようにと思ってのことです。

力を持っているからといって、大人がいつも正しいわけではありません。大人が力をふりかざして子供の体や心を傷つけるなんて、あってはならないことです。実際にそういう悪い使い方をする大人がいるとしても、たいていの大人はいつでも子供にとって最も良いと信じていることをします。

 もし、このような大人の力になやんでいることがあれば、62ページを見て。

子供のために立ち上がった女性

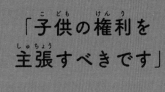

「子供の権利を主張すべきです」

エグランティン・ジェップは1876年に裕福な家庭に生まれました。第一次世界大戦中、食べ物がなくて苦しんでいるヨーロッパのたくさんの子供たちを救うために、セーブ・ザ・チルドレンという慈善団体を作りました。しかし、すぐに、世界中の子供たちが幸せで健康に暮らすには、慈善団体だけでは十分ではないと気づきます。1923年には、子供の権利宣言の文案を作りました。すべての子供が食べ物と家をあたえられる権利や、搾取（不正にうばうこと）から守られる権利を持っていると述べたものです。この文案は国際政治組織である国際連盟に採用され、のちに、さらに内容を加えたものが国際連合（23ページを見て）によって承認されました。彼女の業績は、今日に至るまでずっと、子供の権利を守る国際的な法律の基礎となっています。

考えよう　大人と認められる年令は、15才から21才まで、国によっていろいろ。何才がふさわしいと思う？

友だちと友だちの間の力

友だちの中に仕切り役のリーダーができるのはなぜ？

あなたの学校にいじめっ子はいる？ みんながあこがれるかっこいい子は？ 力関係があるのは、大人と子供の間だけではありません。子供と子供の間でも、他の子よりも力を持つ子がいます。

だれか一人の子が他の子よりも強い力を持つのには、いくつかわけがあります。年令のちがいだけでも力関係を生みます。年上の子は物事をよく知っているために年下の子にすごいと思われるかもしれません。たんに体が大きいというのも理由になります。そして、わん力。わん力のある子がおどしたり、乱暴にふるまったりして、わん力のない子に言うことを聞かせるかもしれません。

だれかがだれかをわざと傷つける。こんなことがたびたび起こるなら、それはいじめです。体を傷つけることだけではなく、仲間はずれや悪口のように心を傷つけることもいじめです。力のバランスが取れていないところで、いじめは起こります。いじめる側は力が強くて、いじめられる側は力が弱い（少なくとも、本人たちはそう思っています）のです。あるいは、力の悪い使われ方がされているのです。

もし、いじめでなやんでいるなら、62ページを見て。

14

いじめ以外にも、子供や10代の人たちの間でだれかが強い力を持つケースがあります。だれかを見て、その人みたいになりたいと思ったことはない？　みんなの人気者やあこがれの的になる人には、他の人の行動に影響をあたえる力があります。有名人もこういう力を持っていて、人々は有名人のようになりたいとあこがれます。つまり、有名人はふるまい方や何を選ぶかによって、人の服装や言葉、行い、あるいは信念にまで影響をあたえられるのです。

いじめられていた女の子が有名に

ちょっと他人とちがっているために学校ではつらい時期を過ごした人が、のちに有名な人気者になることがあります。テイラー・スイフトは12才の時に曲を作り始めました。そのころ、テイラーは学校でいじめられ、仲間はずれにされていました。今では、とても有名な世界的シンガーで、彼女の発言は何百万ものファンに大きな影響をおよぼします。2018年には、彼女がツイッターでファンに「選挙に行こう！」と呼びかけると、たったの24時間で6万5千人もの人が投票のための登録をしました。

考えよう

年のはなれた兄弟姉妹や、いとこ、友だちがいる？　周りの人の中で最も力が強いのはだれ？

大人と
大人の間の力
大人にもリーダーがいるの？

大人は命令してばかり？　じつは、大人もいろんなルールを守らなくてはなりません。大人の世界では、より大きな力を持つ大人が命令します。大統領や首相のようなえらい人たちでも、やっぱりルールにしたがわなくてはなりません。

大人が自分よりも大きな力を持つ人に出会う場所ってどこ？　その一つが職場です。

会社や組織の中で働く人たちは、階層で分けられます。つまり、働く人は組織の中でいろいろなレベルの力と責任を持ち、トップにいるのは、たぶん、たった一人です。

リーダー

えらい社員

ふつうの社員

あらゆる団体や組織に階層があります。政府では、トップにいるのは、大統領や首相。カトリック教会では、教皇。軍隊では、将軍。子供と子供の間に力の差があるように、大人と大人の間にも力の差があります。

16

大人に対して力をおよぼすもう一つのものは、国家です。国家とは、国を治めるのに必要なすべての組織のこと。政府は国家の一部で、警察や弁護士や裁判所、刑務所などの司法組織もまた国家の一部です。学校でルールを破ったら先生にしかられるように、大人がルールを破って警察に捕まったら、その人は司法制度によって裁かれます。次の章で、政府についてもっとくわしく見てみましょう。

国家をなくしたかった男

歴史を通じて、たくさんの人や団体が、みんな平等で国家の力に支配されなくなることを目指して社会を変えようとしてきました。階層や政府のない社会を作ろうとする考えを、無政府主義と言います。無政府社会を築こうとした最初の団体の一つに、17世紀のイギリスのディガーズがあります。リーダーのジェラード・ウィンスタンリーは、だれも他人を支配する権利を持つべきでないと信じていました。もし国家と司法制度をなくせたなら、みんなが自然に協力し合って幸せに暮らせるだろうとも信じていました。ディガーズは南イングランドの丘の斜面に小さな共同農場を作りましたが、地元の地主に何度もおそわれ、わずか18カ月で農場はつぶれました。

考えよう

政府や国家をなくしたら、
どんなことが起きると思う？
良いこと？
それとも悪いこと？

「力のための力には興味がない。
しかし、道徳的で、正しく、
善なる力には興味がある」。
マーティン・ルーサー・キング・ジュニア
（1929年-1968年）

世界を変える力

　世界を変える力は、国を治めたり、戦争や革命を始めたり、計画を広めたり、物事をすっかり変えたりします。

　この力は世界にすばらしいことも、おそろしいことも、もたらします。人々の生活をすっかり変えてしまったり、家族をはなればなれにしたり、子供たちに貧しい暮らしをさせたりします。一方で、苦しみを終わらせたり、国々をまとめたり、不正を正したりもします。

　この章では、世界を変える力の例として、王や過激な反逆者などを取り上げます。読み終えるまでには、世界をもう少しよく理解するための知識が身についているでしょう。世界の動くしくみがわかれば、力にいどむ方法や、良いと信じるもののために立ち上がる方法が見つかるでしょう。

19

リーダーの力

昔は王様がリーダーだったけど、今は？

リーダーにも、いろいろあります。学校のリーダー、軍のリーダー、政府のリーダー、宗教のリーダー。**リーダーなら、したいことが何でもできる？** 完全に支配できる？ 答えはノー。だれも完全な支配者ではありません。でも、他と比べて力の強い支配者がいます。

例えば、いろんな国にそれぞれの政治制度があります。**民主政治**では、政府は国民による投票、つまり選挙で選ばれた人たちでできていて、国民には国の治め方について発言する権利があります。多くの民主制の国で、政府のリーダーは大統領や首相です。政府には大きな力がありますが、何でもリーダーの思い通りにはできません。税金を上げるなどの国民がいやがることをすれば、人気がなくなって力が弱くなります。

正反対の**独裁政治**では、独裁者や君主など、たった一人のリーダーが力を独占して、住民にはまったく発言権がありません。

多くの人は、だれか一人あるいは一つのグループが力を持ちすぎると、力は正しく使われず、みんなのために良くないと思っています。人を支配する力を持っているだけでりっぱなリーダーになれるわけではありません。

ナポレオン・ボナパルト

ナポレオンは、偉大な将軍で、1804年から1814年にかけてフランスの皇帝でした。しかし、戦いで負けはじめると力を失っていき、やがて追放されてしまいました。

エリザベス1世

1558年から1603年までイングランドを治めた女王です。その間に、国はどんどん強くなりました。国民に人気がありましたが、残酷な面もあり、王位争いでライバルを死刑にしました。

ダライ・ラマ

ダライ・ラマはチベット仏教の宗教指導者です。政治的な力はありませんが、チベットの人々はダライ・ラマをリーダーとして敬い、その考えや意見を重んじます。

有名でないとリーダーになれない？　そんなことはありません。どんな仕事や地位にもリーダーがいます。例えば、先生もリーダーです。

良いリーダーの条件

- ●正直である
- ●人のやる気を引き出せる
- ●コミュニケーションがうまく取れる
- ●決める力がある

インドの「父」として知られる男性

平和的なやり方で、
世界をゆるがせる

マハトマ・ガンディー（1869年-1948年）は、インドを導き、イギリスから独立させました。インドがインド人によって治められることが、ガンディーの願いでした。菜食主義で、生き物に対する非暴力を唱えていたガンディーは、イギリスと戦争をしたくなかったので、平和的に抗議しました。それでも捕まって、9カ月も牢屋に入れられました。ガンディーは世界中の人々に支持され、1947年にインドはイギリスから独立しました。ガンディーは国民の父として知られ、「偉大なるたましい」という意味の「マハトマ」という名があたえられました。

考えよう

自分は良いリーダーになれると思う？
知っている人の中で、
一番良いリーダーになれそうなのはだれ？
その理由は？

軍事の力

戦争って、何のためにするの？

1949年から1976年まで中国の指導者
だった毛沢東は、「軍を持っている者
に力があり、戦争がすべてを決める」
と言いました。古くから、国々
は力を得るためや、他の国が
力を持ちすぎるのをさまたげ
るために戦争をしてきました。

なぜ戦争を始めるの？

● 人が住むための土地や農業のための土地をうばうため
● 相手の国から、貴重な鉱物や石油などの富をうばうため
● 自分の国が優れていて強いと示すため
● 宗教や政治についての考え方のちがいのため
● 独裁者を追い出すため
● こうげきから自分の国を守るため

国々は「植民地化」によっても、土地や力をうばいました。
「植民地化」とは、ある国（たいていお金のある強い国）が
弱い国を占領し、「植民地」として支配することです。古代ギ
リシアや古代ローマにはたくさんの植民地がありました。近代のヨー
ロッパ諸国も植民地を持ちました。16世紀以降、イギリス、フランス、
スペインなどのヨーロッパの強い国が、アジア、南北アメリカ、アフリカ
など世界中で植民地を作りました。侵入した国は植民地の資源を使ったり、
そこの人々にルールをおしつけたりしました。

歴史を通じて、より強い兵器が発明されるにつれて、戦争で死ぬ人が増えました。第二次世界大戦では、7000万以上の人が死にました。だいたい100人につき3人が命を落としたということになります。

戦争を始めるのは、政府や国です。でも、戦争で苦しむのはふつうの人々です。戦死したのは兵士だけではありません。たくさんのふつうの人々が、戦争中に病気や飢え（食べ物がないこと）のために亡くなりました。ふつうの人々にはまったく力がありませんでした。戦争を始めたのでも、戦争に賛成したのでもなく、戦争を終わらせる力も持っていませんでした。

考えよう

ずっと昔から、人々は「正当」（正しくて道理にかなっていること）な戦争があるとすれば、それはどんなものかと議論してきました。
正しい戦争って、あると思う？

平和を守るための組織

第二次世界大戦で多くの命がうばわれた後、戦争に勝った国々が**国際連合（国連）**という組織を作りました。その主な目的は、世界平和を守り、第二次世界大戦のような悲惨な戦争を二度とくり返さないようにすることです。初めは、51カ国が加盟しました。今では、世界のほぼすべての国（193カ国）が加盟しています。

国連は人々の暮らしを良くするためや、戦争を防ぐため、戦争中の国と国に戦争をやめさせるために活動します。平和のための話し合いがうまくいかなければ、国連は必要に応じて、軍隊を使えます。例えば、ある国が法を破って他国に侵入したりした場合などです。

投票の力

選挙って、何のためにするの？

何かに投票したことはある？　投票とは、**いくつかの中からどれかを選ぶこと**。投票に勝つには、最も多くの人に選ばれなくてはなりません。

世界中の人が、国の治め方を決めるために選挙で投票します。人々はいろいろな政党がかかげる約束を聞いて、どれが自分にとって大切か判断します。それから、良いと思う政党に投票します。政治家は守れない約束をしてはいけません。もし、選ばれたのに約束を守らなかったら、次の選挙ではそっぽを向かれます！

だれか一人が力をにぎっていて、人々が国のリーダーを投票で選べない国々もあります。そこでは、たとえ選挙が行われたとしても、正しく行われないことがあります。

たいていの国では、投票するかしないかは自由で、投票に行かない人もいます。でも、投票を重んじていて、投票に行かないことを法律違反にしている国もあります。

古代ギリシアでは、投票できたのは男性の住民だけでした。選びたい人やものによってつぼが決められていて、そこに石などを入れて投票する方法がありました。

今日では、たいてい投票用紙に印をつけて投票します。投票の内容は秘密。だから、だれにも他の人がどうしたのかわかりません。

だれが投票できる？

投票する権利を参政権と言います。今では、世界のほとんどの国で、大人に参政権があります。でも、昔はちがいました。人種、性別、宗教、学歴のために投票できない人がいたのです。今でも、次のような人々には投票させない国があります。

- 受刑者
- 障害のある人
- 警察や軍にいる人

このルールに、あなたは賛成？

投票権を求めて戦った女性

言葉ではなく、「実行」を！

20世紀の初めには、多くの国で女性は投票できませんでした。イギリスのエメリン・パンクハーストは女性参政権運動のリーダーとして、女性にも男性と同じように投票権があたえられることを求めて戦いました。

パンクハーストや、むすめのクリスタベルとシルビアなど、この運動に参加した女性たちは、女性参政権論者と呼ばれました。窓を割る、建物に火をつける、ばくだんを投げるなどの過激なやり方で抗議し、刑務所に入られると、ハンガーストライキ（何も食べない抗議）をしました。1918年、第一次世界大戦が終わると、一部の女性に投票権があたえられましたが、すべての女性が男性と同じように投票する権利を勝ち取ったのは、1928年、パンクハーストが亡くなった年のことでした。

考えよう

投票権を持てる年令は、国によってさまざまで、たいてい16才から21才の間です。あなたは、何才がいいと思う？

人々の力

力を持っているのはリーダーだけ？

人々が国の治め方に影響をあたえる方法は、投票だけではありません。もし人々が何かについて不満なら、状況を変えるために団結して抗議することができます。このようにして、戦争や、ある人たちが受けている不公平なあつかいについて、政府に反対できます。

抗議には、次のようなやり方があります。

平和的な行進やデモ
大規模な抗議デモでは、数十万人が集まっていろいろなところを行進します。

ソーシャルメディア
を使って意識を高める。多数の人にメッセージを広められるすばらしいやり方。

市民的不服従
政府にやり方を変えさせるために、人々が法律や政府の命令にしたがうのを平和的にこばむこと。

ボイコット
ある製品の会社や製造方法に反対するために、その製品を買わないこと。例えば、子供を働かせて作られた服などを買わないことなど。

人々に力を！

女性に権利を！

戦争反対！

平和！

あなたは変化を起こせる？

変化を求めて運動を起こす人を、活動家と言います。昔から、ふつうの人々が不公平な制度に反対し、社会を変えるために運動を起こし、良いと信じるもののために戦ってきました。その行動によって有名になり、今でも活動家としてよく知られている人たちがいます。

活動家

バスの中で
席をゆずらなかった女性

> 正しいことを
> しているときに、
> おそれないで

1955年、アメリカのアラバマ州で、人種的平等を支持するグループのメンバーだったアフリカ系アメリカ人の**ローザ・パークス**は、バスの中で白人の男性に席をゆずることを断りました。これは、勇気ある行動でした。しかし、パークスは、黒人と白人をへだてる人種隔離法を破ったとして逮捕されました。すると、牧師のマーティン・ルーサー・キング・ジュニアが率いる公民権活動家のグループが、バス会社をボイコットして抗議しました。1年後、最高裁判所は、バスで黒人と白人の席を分けるのは不当であるという判決を出しました。これにより、アメリカの公民権運動は活気づき、やがて隔離政策は終わりました。

考えよう

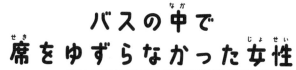

「世界が変化するのを見たいなら、
自らがその変化となれ」

マハトマ・ガンディー

この言葉を聞いて、何か感じる？

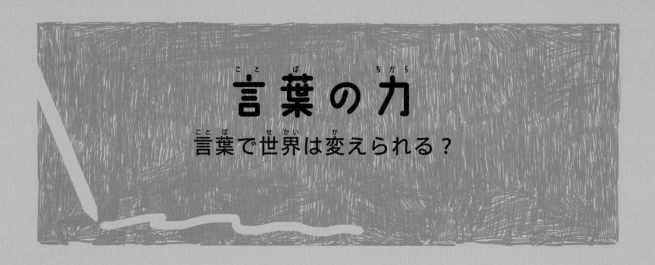

言葉の力

言葉で世界は変えられる？

「知は力なり」という言葉を聞いたことがある？　まさに、この言葉通りです。知っていれば知っているほど、良い決断をする力を持てます。学校でがんばって学べば、大きくなったときにそのことが人生で役に立ちます。

今、私たちの周りには情報があふれています。本、テレビ、ウェブサイト、ソーシャルメディア。でも、昔はちがいました。中世では、知識を得るには、本を読むしかありませんでした。そのころの本は手書きだったため、数が少なく高価でした。手に入れることができたのは、お金持ちや力のある人、裕福な教会だけでした。

15世紀にヨーロッパで印刷機が発明されると、状況があっという間に変わりました。本が安く、しかも、早く作れるようになり、ふつうの人々も手に入れられるようになりました。本を読む人が増え、それまではお金持ちや教会から聞いた話をそのまま信じていた人たちが、疑問を持つようになりました。やがて、力はお金持ちや教会からふつうの人々に移っていきました。

本に書かれた言葉や考えの中には、**世界を変える**ほどの大きな影響力を持つものもありました。本は新しい考え方を広めたり、革命のきっかけになったり、社会に変化をもたらしたりしてきました。

アンクル・トムの小屋

1852年に出版されたアメリカ人のハリエット・ビーチャー・ストウのベストセラー小説で、黒人の奴隷アンクル・トムの物語。社会の考え方を変え、アメリカの奴隷制度を終わらせる助けとなりました。

共産党宣言

ドイツ人のカール・マルクスとフリードリヒ・エンゲルスが1848年に書いた本で、すべての人が平等な世界は、革命によって作り出されると唱えました。この考えは1917年のロシア革命につながっていき、世界の人々に影響をあたえました。

今、私たちがふれる情報の多くは、メディア（テレビや新聞、ラジオ、ウェブサイト、ソーシャルメディア、広告）が発信するものです。私たちの考えは、読んだり聞いたりしたものから大きな影響を受けます。メディアには強い力があるということです。

考えよう

私たちはメディアが真実を伝えていると信じています。でも、メディアで見聞きするものは絶対に真実なの？

ときどき、国家は、メディアを使って人々が読んだり聞いたりするものをコントロールし、人々の考えに影響をあたえます。その方法の一つが、かたよった情報を流すプロパガンダです。また、検閲も人々の考えに影響をあたえます。検閲とは、国家が人々に知られたくないことについて読んだり聞いたりさせないようにチェックすることです。

夢を持っていた男性

私には夢がある。いつか私の4人の子供たちが、肌の色ではなくて、どんな人であるかによって見てもらえる国に住むという夢が。

力を持っているのは、書かれた言葉だけではありません。話された言葉にも、力があります。最も有名な例は、**マーティン・ルーサー・キング・ジュニア**のスピーチです。キングはアフリカ系アメリカ人の活動家で、すべての人種に同じ権利をあたえるために戦いました。1963年には、大きなデモに参加し、あの有名な「私には夢がある」のスピーチをしました。キングの言葉と行動が助けとなり、次の年、人種差別を禁じる公民権法ができました。キングは1968年に暗殺されましたが、彼の力強い言葉は生きつづけています。

反抗する力

まちがいに反抗して
世界を変えた人って、どんな人？

　反抗心のある人は、かんたんには物事を受け入れません。周りに見えるものに疑問を持ち、正しいだろうか、公平だろうか、と問いかけます。ルールにしたがわず、人にどう思われても気にしません。自分が信じるもののために流れに逆らって戦う勇気があります。反抗心のある人は、物事を変えることができます。

　昔から、たくさんの反抗心のある人が、リーダーや政府に反抗して立ち上がり、力のない人たち（女性、奴隷、貧しい人々など）の自由のために戦いました。また、まったく新しい考えによって、人々の意見を変えようとした人もいます。

　大勢で反抗すれば、政府や君主政治をたおせます。例えば、18世紀後半のフランス革命では、人々が王をたおし、国を支配しました。

ガリレオ・ガリレイ

　16世紀のイタリアの天文学者ガリレオは、地球が太陽の周りを回っていると主張したために、逮捕されました。ガリレオの考えが、大きな力を持つカトリック教会の「地球が宇宙の中心である」という教えに反していたからです。

スパルタクス

　スパルタクスは剣闘士（古代ローマで見世物として戦わされた戦士）で、奴隷の集団を率いて、ローマ帝国に対する反乱を起こしました。スパルタクスの軍は初めのうちは勝利を重ねましたが、最後にはローマ軍に破れました。

マナル・アルシャリフ

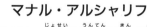

　サウジアラビアでは、女性の運転を禁ずる法律に、たくさんの女性が反抗しました。2011年、マナル・アルシャリフは自分が運転している動画をソーシャルメディアにのせ、逮捕されました。2018年、この国の女性たちは運転する権利を勝ち取りました。

あなたの反抗心はどのくらい？

●友だちに良く思われないとわかっていても、自分が正しいと思うことをする
はい／いいえ

●世界を見回してみると、変えたいと思う物事がある
はい／いいえ

●命令に対して、正しいだろうかとか、不公平じゃないだろうかと疑問を持つことがある
はい／いいえ

●不公平な目にあっている人のために行動を起こせる
はい／いいえ

「はい」が3つ以上あるなら、あなたの反抗心はなかなかのもの。

革命家になった医者

> 革命は熟せば勝手に落ちるリンゴではない。自分の手で落とさなくてはならない。

史上最も有名な革命家であるチェ・ゲバラは、1928年にアルゼンチンで生まれ、医者でもありました。中南米を旅しているときに、ゲバラは不公平なあつかいをされている貧しい人々を見ました。そして、これを変えるには、暴力による革命を起こすしかないと考えました。1959年にはキューバ革命に協力し、他の国でも革命にかかわり、のちに処刑されました。チェ・ゲバラについては、さまざまな意見があります。貧しい人たちを守ったヒーローだと言う人もいれば、裁判もせずに人々を処刑した殺りく者だと言う人もいます。

考えよう

> 多くの反抗心の強い人が反乱を起こし、権力者をたおし、変化を生むために、暴力を用いました。あなたは、これを当然だと思う？

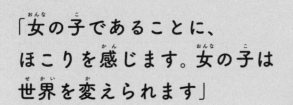

「女の子であることに、
ほこりを感じます。女の子は
世界を変えられます」

マララ・ユスフザイ（1997年生まれ）

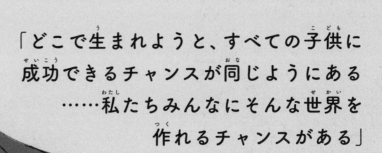

「どこで生まれようと、すべての子供に
成功できるチャンスが同じようにある
……私たちみんなにそんな世界を
作れるチャンスがある」

ビル・ゲイツ（1955年生まれ）

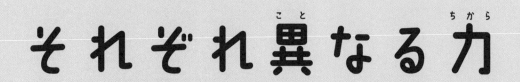

それぞれ異なる力

世界中のすべての人が同じように力を持っていると想像してみて。もしそうなら、みんなが同じように生きる力になるものを手に入れられて、学校に行ったり、住む家を持ったり、十分に食べたりできるでしょう。

悲しいことに、現実はそうではありません。人よりたくさんのお金やチャンス、有利な条件を持っている人がいます。そして、そのことによって、その人たちは他の人たちよりも力を持っています。

これにはいろいろな理由があります。この章では、不平等や差別などを取り上げながら、理由のいくつかを見ていきます。

どんなものがあなたの力に影響をあたえているのかや、あなた自身がどんな特権を持っているのかがわかるでしょう。そして、正しくないことに立ち向かって自分や他の人の力を高めたいという気持ち（エンパワーメント）がわいてくるでしょう。

価値観の力

みんな同じ価値観を持ってなくちゃいけないの？

「価値観」とは、世界をどんなふうに見るかということ。**考えや信念、善悪についての感じ方**もふくまれます。

価値観は、人それぞれです。移民（ある国から別の国へ移り住む人）問題でも、人々の価値観はさまざまです。移り住む人の数を制限すべきだと考える人もいれば、人には自分で選んだ国に移り住む権利があると考える人もいます。

自分の信念や価値観がどんなふうにできたのか考えたことはある？　もちろん、信念は自分の生活の中で起きたことを通じて生まれるものでもあります。でも、両親の考えや信じている宗教、住んでいる国の文化などが私たちの判断に影響をあたえることも少なくありません。

考えよう

昔の価値観や信念には、今考えるとおかしなものがたくさんあります。今の世の中では当たり前でも、未来の人にはおかしいと思われるようなものもあるのかな？

16世紀から19世紀にかけて、数多くのアフリカ人がとらえられ、生まれた国から船でアメリカ大陸に連れていかれ、奴隷として売られました。この残酷な奴隷貿易をした人たちは、宗教的価値観にもとづいて自分たちの行いは正しいと言い張りました。黒人は白人よりもおとるというのが、彼らの言い分でした。

アフリカの人々を奴隷にした歴史は、今でも世界中のアフリカ系の人々に影響をあたえています。しかし、奴隷制度の例は、人の信念や価値観を変えることは、時間がかかるけれども不可能ではないということを示してもいます。今でも、さまざまな形の「現代奴隷」と呼ばれる問題が残っていますが、世界中の多くの人が、どこの国であろうと奴隷制度はまちがいであり、法に反するものだと認めています。

人々の価値観を変えた女性

あなたの肌は、
なぜ白いの？
神がそうしたからでしょう？
私の肌は、なぜ黒いの？
それも神がそうしたから
でしょう？

1797年、アメリカで、**ソジャーナ・トゥルース**は奴隷の子として生まれました。9才の時、両親から引きはなされ、100ドルで新しい主人へと売られました。1826年、ソジャーナは主人のもとからにげ出し、のちに奴隷制度廃止論者として、奴隷制度をなくすために力をつくしました。抗議運動をしたほかに、スピーチをしたり、裁判を起こしたり、アメリカ政府に請願書を送ったりしました。アブラハム・リンカーン大統領と面会した時には、奴隷制度の廃止だけでなく、人種的平等と女性の権利についてもうったえました。ソジャーナをはじめとする奴隷制度廃止論者の活動は、人々の価値観を変え、アメリカの奴隷制度は1865年に廃止されました。

人種の力
ある人種がある人種より
優れているってことがある？

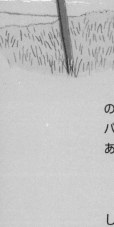

白人専用

自分の人種は他の人種より優れているという考えが、人種差別を生みます。肌の白い人たちが、自分たちのことを肌の色がこい人たちよりも優れていると思うのは、典型的な人種差別の例です。

人種差別はおそろしいものです。奴隷貿易が行われていた数百年間に、多くの黒人が白人によって奴隷にされ、売買され、殺されました。また、1940年代から1990年代にかけての南アフリカでは、白人の支配層は、**アパルトヘイト**という制度によって、黒人と白人を隔離していました。りっぱな家に住み、きちんとした教育を受け、良い仕事につけるのは、白人だけでした。黒人は選挙で投票できないことさえありました。

1948年から1990年代の初めまで続いた南アフリカのアパルトヘイトのもとでは、白人のためだけのビーチ、バスや列車、映画館、レストラン、さらには病院まであり、黒人はそれらを使えませんでした。

16世紀から19世紀にかけて、何百万というアフリカ人がとらえられ、アメリカ大陸に連れていかれ、農園で働かされました。船の上で死んでしまった人もたくさんいました。

インド系南アフリカ人もアパルトヘイトによって人種差別を受けました。決められた場所に住まわされ、出かける自由もありませんでした。たくさんのインド系南アフリカ人が、不公平なアパルトヘイトを終わらせるために抗議運動をしました。

人種差別は今でも人々を苦しめています。いまだに、肌の色や文化や民族のちがいのために差別される人たちがいるのです。

みんなに
平等な
権利を！

アパルトヘイト
反対！

人々は人種差別をなくすために戦ってきました。2012年にアメリカのサンフォードで、トレイボン・マーティンという17才の少年が、何も悪いことをしていないのに、黒人であるというだけで、警官に射殺されました。この事件がきっかけで、大きな人種差別反対運動が始まりました。この「ブラック・ライブズ・マター（黒人の命は大切だ）」運動は全世界に広まりました。

私たちみんなも人種差別と戦うことができます。だれに対しても思いやりを持って公平に接し、人を差別するような言葉や行動にははっきりダメと言うことが、その第一歩です。

国民を目覚めさせた男性

生まれた時から、
肌の色や生まれた国、
宗教で他人を差別する
人はいない。

1942年、南アフリカで、ネルソン・マンデラはアフリカ民族会議というグループに入りました。このグループの目的は、南アフリカの黒人の権利のために戦うことと、アパルトヘイトを終わらせることでした。やがて、マンデラは南アフリカの人種差別反対運動の中心的人物になりました。1963年には、破壊行為と政府に対する反逆の罪で逮捕され、27年間、収容所でつらい労働をさせられ、ゆかの上でねる日々を送りました。1990年に、やっと収容所から解放されると、政府と話し合いを重ね、1994年には南アフリカで初めて選挙で選ばれた大統領になり、アパルトヘイトを終わらせました。

考えよう

生まれた時は、だれも人種差別をしません。
それなのに、なぜ、
差別的な考えを持つようになるのかな？

男の力と女の力

男か女かで力の差ってあるのかな？

世界のいろんなところで、女性は女性だというだけで、男性とはちがうあつかいを受けています。例えば、同じ仕事をしているのに、女性の給料は男性の給料より安いことがあります。なぜでしょう？　理由の一つに、**固定観念**があります。固定観念とは、「こういう人は、こんなふうにふるまうべきだ」というような思いこみです。「男の子は泣かない」というのも固定観念の例です。このような固定観念を持ったまま男の子が大きくなると、気持ちを表してはいけないと思うようになっていきます。「男の子は元気で、女の子はおとなしい」という考えも固定観念です。固定観念って正しいのでしょうか？

男の子だから
泣いちゃダメ

女の子だから
泣いてもいい

考えよう

下にあるのも、固定観念。こんなことを言ったり聞いたりしたことがある？これ以外にどんなものがある？

●女の子はピンクが好き
●女の子は人形遊びが好き
●女の人は料理が得意
●看護師は女の人

●男の子はサッカーが好き
●男の子は車のおもちゃで遊ぶのが好き
●男の人は数学が得意
●機械工は男の人

みんな人間。固定観念を持つのはやめよう。

固定観念は、なぜ生まれる？

　ずっと昔、生きることは今よりもたいへんで、強い体は、生きのびるうえでとても大切でした。男性は体が強かったため、狩りや戦いに行くことが多く、そのことが「いろんな点で男性は女性よりも強い」という考えにつながりました。こうして、男性は政府や会社、家族のトップに立つようになりました。男性がすべての力をにぎっていったのです。

　今日では、状況はずいぶん変わりました。それでも、世界にはまだ、男性や男の子とは同じ権利を持っていないために、したいことができない女性や女の子が数多くいます。結婚相手を自分で選べない女性や、学校に行けない女の子がたくさんいるのです。

教育のために立ち上がった女の子

> 一人の子供、一人の先生、
> 一冊の本、一本のペンで
> 世界は変えられる。

　マララ・ユスフザイは、固定観念に立ち向かった一人です。マララは1997年にパキスタンで生まれました。学校に通っていましたが、住んでいた地域がタリバンというグループに占領されると、女の子が学校に行くことは禁じられました。マララはそのことを非難したため、タリバンに銃でうたれました。幸い、命は助かりました。マララはおそれても、発言しつづけました。今、マララは世界中の女の子が教育を受けて男の子と平等になれるように活動しています。学ぶことができれば、大きくなったら自分のやりたい仕事につくチャンスが広がります。

にじ色の力

性別をこえて、好きになったら
いけないの？

だれかがだれかを好きになるとき、いろんな形があります。女性と男性の間に生まれる愛もあれば、女性と女性の間に生まれる愛や男性と男性の間に生まれる愛もあります。

女性と男性の間に生まれる愛を**異性愛**、女性同士や男性同士の間に生まれる愛を**同性愛**と言います。女性のことを好きになる女性は**レズビアン**、男性のことを好きになる男性は**ゲイ**と呼ばれます。女性のことも男性のことも好きになる人は**バイセクシャル**と呼ばれます。

ゲイをきらったり、こわがったり、偏見（かたよった見方）を持ったりすることを、**同性愛嫌悪**と言います。異性愛は良いもので同性愛は良くないものだとか、ゲイの人々は不自然でふつうじゃないという考えも、これに当てはまります。

多くの国で、ゲイの人々は結婚することや子供を持つことが許されず、仕事や社会の中で差別されています。また、同性愛は法律を破るものだとして、ただ同性を愛するというだけで、ゲイの人々がおそわれたり殺されたりする国さえあります。

LGBTQの権利

LGBTQ運動は、伝統的な性別の考え方に当てはまらない人たちの権利を求めます。体の性と心の性が合っていないと感じる人たちも、ここにふくまれます。この運動の目的は、積極行動主義や教育を通じて、人々の考え方を変え、世界中のすべての人が平等な権利を得ることです。にじ色の旗がこの運動のシンボルです。

ゲイであるために罰せられた英雄

アラン・チューリングはイギリスの数学者で、1912年に生まれました。第二次世界大戦中にドイツの暗号を解いたことや、人工知能（機械による知能）の研究で有名です。1952年、チューリングは同性愛のために捕まり、有罪になりました。そのころのイギリスの法律では、同性愛は禁じられていたのです。政府のための仕事もできなくなり、希望を失ったチューリングは、その2年後に自殺しました。2013年、亡くなってから60年ほども過ぎてから、たくさんの人の働きかけの結果、エリザベス女王はチューリングを有罪にしたことについてあやまりました。

考えよう

おひめ様と王子様が恋に落ちて、いつまでも幸せに暮らすのは、よくあるおとぎ話。おとぎ話では、たいてい女の人と男の人が愛し合うけれど、現実の世界では、同性同士が恋に落ちて幸せに暮らすことだってあります。もしも、白雪ひめとシンデレラが恋に落ちたら、どう思う？

体の力

体のちがいがあるのは
いけないことなの？

見る、聞く、歩く、話す、学ぶといったことができない状態を障害と言います。
　どんなものが、人を「障害者」にするのでしょう？　人を障害者にするのは、その人の体ではなく、周りの世界だという考え方があります。人々の否定的な態度や、利用しにくい場所や参加しにくい活動が問題だということです。この考え方は障害の社会モデルと呼ばれます。
　ここにあげるのは、できないことがある人を、社会が障害者にしている例です。

● 耳が聞こえない人は、字幕や手話通訳のない映画や演劇を楽しめません。
● 車いすの人はスロープや車いすで入れるトイレのない建物を使えません。
● 「障害のある人にはできないだろう」という否定的な態度のために、障害のある人が仕事を持ったり一人で暮らしたりすることがむずかしくなります。

障害の社会モデルでは、障害のある人が障害のない人と同じ力を持ち、したいことができるような変化を作っていくことは、社会の責任です。障害のために、何かをやりとげられないということはありません。

宇宙を研究した男性

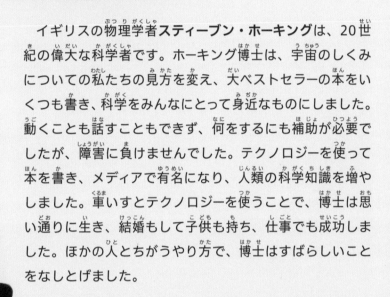

人生がどんなに困難に思えても、必ずあなたにできること、成功できることがある。

イギリスの物理学者スティーブン・ホーキングは、20世紀の偉大な科学者です。ホーキング博士は、宇宙のしくみについての私たちの見方を変え、大ベストセラーの本をいくつも書き、科学をみんなにとって身近なものにしました。動くことも話すこともできず、何をするにも補助が必要でしたが、障害に負けませんでした。テクノロジーを使って本を書き、メディアで有名になり、人類の科学知識を増やしました。車いすとテクノロジーを使うことで、博士は思い通りに生き、結婚もして子供も持ち、仕事でも成功しました。ほかの人とちがうやり方で、博士はすばらしいことをなしとげました。

あなたに障害があるとしても忘れないで。**あなたにできないことはありません。**人とちがうやり方をすればよいのです。例えば、ホーキング博士はキーボードを打つ代わりに、テクノロジーを利用して目を動かすことで本を書きました。障害を持つ人の中には、南極に到達した人や、大ヒット曲を作った人、プロのダンサーやサーファー、野球選手になった人、スポーツの大会でメダルを取った人、エベレストに登った人、さらにはアメリカ大統領になった人もいます。

考えよう

世界には、いろんな点でちがう、
さまざまな人がいます。
もし、みんなまったく同じだったら、
どんな世界になると思う？

お金の力

お金さえあれば、何でもできるの？

世界の人々みんなが、満たされて幸せな生活を送れるわけではありません。大きな力を持っていて大勢の生活に影響をおよぼす人たちがいる一方で、自分の生活さえも自分ではどうにもできない人たちがいます。

力の差を生むものの一つに、お金があります。世界の人々のおよそ10パーセントが、衣食住のために1日に250円も使えません。反対に、お金持ちの上から1パーセントが世界中のお金の半分を持っています。

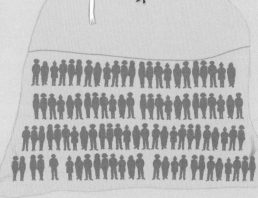

100人で考えると、一人が世界のお金の半分を持っていて、

99人が残りの半分を分け合っている

お金のある国に生まれた子は、学校に行って良い教育を受けられるおかげで、大きくなったら良い仕事についたり、高い能力を身につけたりできます。きれいな飲み水を手に入れたり、病気になった時にはすぐに医者にかかったり、病院に行ったりできるでしょう。貧しい国に生まれた子は、同じようにはできないかもしれません。いろいろなことを実現させるチャンスが多いのはどちらだと思う？

お金のある国でも、人々が持っているお金の多さには差があり、そのことがチャンスの多さにも差を生みます。お金のある人のほうが、住む場所や子供を通わせる学校を選ぶチャンスがあります。

売り切れ

どうやったらお金持ちになれる？　親からお金を受けつぐ人もいれば、自分でかせぐ人もいます。大金持ちの中には、お金がまったくなかったのに、アイデアと決意と努力で成功した人もいます。

お金を分けあたえる億万長者

大切なのは、お金のある人々が貧しい人々を助けるという考えが広まることだ。

大金持ちの起業家ビル・ゲイツは、何兆円もの財産を自分で築きあげました。ゲイツが20才のときに友だちのポール・アレンと作ったマイクロソフト社は、いまや世界最大のソフトウェア会社です。ゲイツは富と力を、世界をもっと良くするために使ってきました。妻とともに作ったビル・アンド・メリンダ・ゲイツ財団は、慈善団体に多額の寄付をしています。貧困をなくし、公平な世界を作ることが財団の目的の一つです。

力を持つには、いろいろなやり方があります。お金を持っていることはチャンスを増やすことで、その結果、大きな力につながることがあります。でも、お金がすべてではありません。お金を持っていても、見下される人がいます。反対に、お金がなくても力のある人がいます。礼儀正しい人や、おもしろい人、親切な人、たよりになる人。このような人は周りの人たちに好かれたり尊敬されたりして、人々に影響をあたえます。

考えよう

「幸せの源は、お金でも力でもなく、心の温かさだ」ダライ・ラマ
あなたもそう思う？

目に見えない力

法律で決められていない
ルールもあるの？

　人や組織の力はわかりやすいものです。親や学校、警察の力のことを思いうかべれば、すぐわかります。一方、目に見えない力もあります。私たちが気づいていなくても、その力はまちがいなく私たちの行動に影響をあたえているのです。

　その一例が**社会規範**です。社会規範とは、行動のしかたについてのルールで、ふつう、法律には書かれていません。「どうぞ」とか「ありがとう」を言うなどの礼儀は、社会規範の一つです。場にふさわしい服を着るのも、同じく社会規範。学校には水着を着ていかないでしょう？　社会規範を守らないと、人にあきれられたり、さけられたりします。だから、ふつう私たちは社会になじむために社会規範を守ります。

　社会規範によって人はきちんと行動するので、社会規範は便利なものだとも言えます。でも、社会規範が、「ふつうじゃない」とみなされる人に対する差別を生むこともあります。例えば、多くの国に「スカートをはくのは女性だけ」という社会規範があります。男性がスカートをはいたら、からかわれるでしょう。でも、男性がスカートをはく文化を持つ国があります。スコットランドでは、男性がキルトというスカートをはくことがありますし、インドネシアのバリ島では、男性も女性も布をスカートのようにして腰に巻きます。

考えよう

他にどんな社会規範がある？
それは良いもの？　悪いもの？

文化がちがえば社会規範もちがい、中には差別を生む社会規範もあります。例えば、ある文化の社会規範では、女の子は男の子ほど大切にされず、学校に行かずに小さい子の世話をしたり、家の仕事を手伝ったりします。それに対して、男の子は学校に通い、大きくなると力のある地位につきます。女性よりも男性が力をにぎる社会を**父権社会**と言います。

社会規範には大きな力があります。社会規範は目に見えないものなので、私たちは疑問を持とうともせず、当たり前のこととして受け入れがちです。でも、社会規範は変わっていくものでもあります。女性が投票することのように、昔は「ふつうじゃない」と思われたことが、今では世界中でふつうのことになっている例はたくさんあります。

女性が上に立つ社会

母権社会では、男性よりも女性が力をにぎります。多くの人が真の母権社会はないと言います。しかし、実際に女性の力が強い社会があります。中国のモソ族の社会では、女性が家長で、家族を仕切ります。土地や家を所有するのも、お金を管理するのも女性です。子供は母親に育てられ、父親は別の家に住みます。

「ぼくは強い。ぼくは親切だ。
ぼくはだれとも同じじゃない。
ぼくは自分に自信がある」

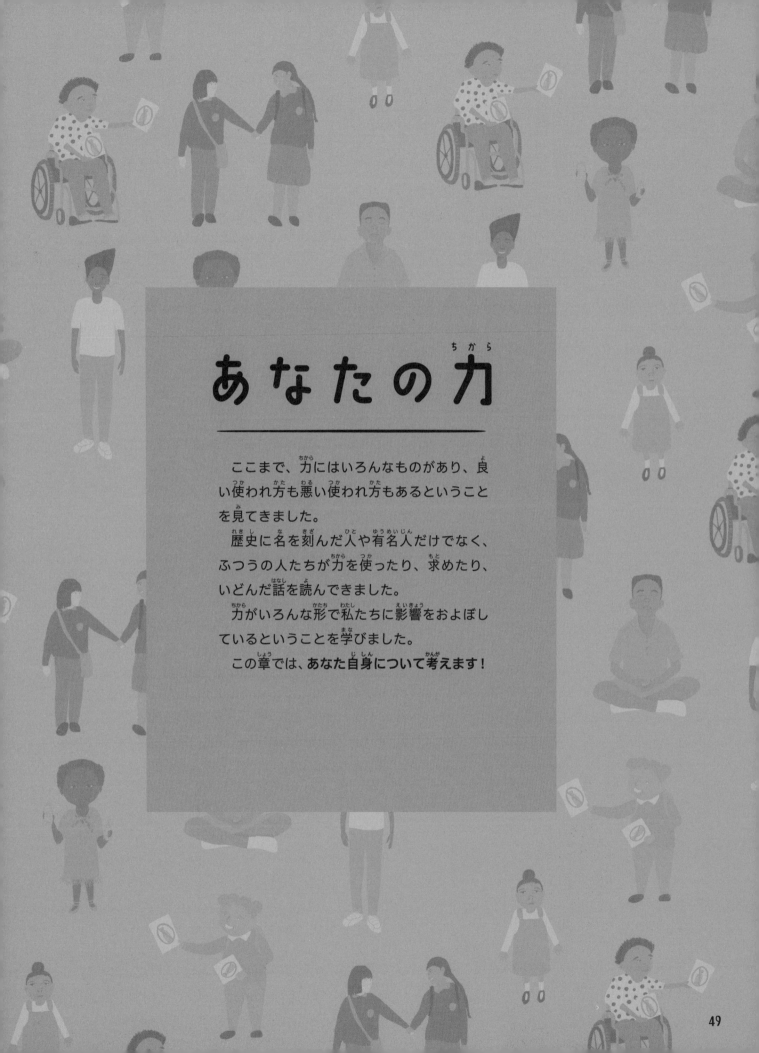

あなたの力

ここまで、力にはいろんなものがあり、良い使われ方も悪い使われ方もあるということを見てきました。

歴史に名を刻んだ人や有名人だけでなく、ふつうの人たちが力を使ったり、求めたり、いどんだ話を読んできました。

力がいろんな形で私たちに影響をおよぼしているということを学びました。

この章では、**あなた自身について考えます！**

あなたの力は
どんなスタイル？

だれもが力を持っているけれど、
使い方は性格によってそれぞれです。
質問に答えて、自分のスタイルを見てみよう！

スタート

チームのリーダーに
なるのは好き？

はい →

たいていの人と
仲良くできる？

↓ いいえ

↓ はい

思い通りにならないと
イライラする？

はい →

計画を立てるのが好き？
それとも、だれかが決めた通りにする
ほうがいい？

↓ いいえ

だれかが決めた
通りにする

自信を持って
クラスのみんなの前で
話せる？

はい →

いいえ →

いいえ

話すより
聞くほうが好き？

はい

50

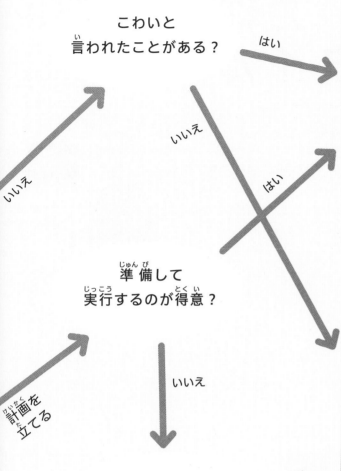

こわいと
言われたことがある？ —— はい →

いいえ ↓

いいえ

準備して
実行するのが得意？

計画を立てる

いいえ ↓

はい

行動や服装を
まねされることがある？ —— はい →

いいえ

いいえ

変わってるとか、
かっこ悪いとか言われて、
からかわれることがある？ —— はい →

あなたは、ボスタイプ！

あなたはハッキリした人。仕切るのが好きで、人をまとめるのが得意。でも、思い通りにならないと、不機げんになったり、どなったりすることもありますね。忘れないで。ハッキリしていることも、てきぱきと動けるのもすばらしいこと。でも、力を使う時には、思いやりのあるやり方で。

あなたは、インフルエンサータイプ！

あなたはみんなのあこがれの的。有名人のような力があります。人気があって、かっこいいあなたの周りには、自然とみんなが集まって、あなたを喜ばせようとします。でも、大きな力には大きな責任がともなうもの。あなたは人の模範となって、行動に影響をあたえるタイプ。いつも思いやりを忘れずに。

あなたは、のんびり屋さんタイプ！

のんびりしたあなたは、仕切るよりも人についていくほうが好き。これもまた、力です。古代中国の哲学者の孔子は言いました。「風になびくアシのほうが、あらしでたおれるカシの大木よりも強い」。やわらかくて、しなやかなもののほうが、かたいものよりも、よくもちこたえるという意味です。怒りっぽくないということは、じつはあなたが強いということ。でも、言いなりばかりにはならないように。

力を高める力

力は高められるの？

こんなふうに思っていない？　「自分は子供だから、あまり力がない。家では親、学校では先生の言うことを聞かなくちゃならない」

でも、いろんなやり方で、あなたの力は高められます！

自分の力を高めたいなら、何より大切なのは、**自己肯定感を持つ**こと。つまり、自分を信じ、自分の考えや行動に自信を持ち、自分のことを良いと思うことです。

むずかしそうに聞こえる？　だったら、失敗した時のことより、成功した時のことを考えてみて。自分の意見は他の人の意見と同じくらい大切なんだということを忘れないで。それに、人にどう思われるかを気にしすぎないで。何より大切なのは、自分らしさ！

今すぐ始めよう、自己肯定感アップ！

どんなことでもいいので、得意なことを三つ書きましょう。算数、絵、走ること、歌うこと、人を笑わせること、ジグゾーパズル、がんばり屋だということ、友だちに優しくできること。人にはそれぞれちがう才能があります。自分の得意なことを思い出すことは、自己肯定感を高めます。

マインドフルネスのマントラ

マインドフルネスと呼ばれるテクニックも、自分自身の良さを認めることに役立ちます。マインドフルネスとは、何かに意識を集中させること。マインドフルネスの状態になっていると、自分の考えや気持ち、その瞬間に周りにあるものに気づけます。「前向き思考のマントラ」を唱えて毎日をスタートさせましょう。一人でもいいし、お父さんやお母さんといっしょに行うのもいいでしょう。「マントラを唱える」とは、言葉をくり返すことです。まず、静かなところに座り、二、三度、深呼吸します。そして、こう言います。声に出しても、頭の中だけでも、どちらでも自由に。

「ぼくは強い。ぼくは親切だ。ぼくはだれとも 同じじゃない。ぼくは自分に自信がある」

これを二、三度、くり返します。大切なのは、言いながら、その言葉に意識を集中させること。これを唱えると、どんな気分になる？自分自身について前向きに考えると、力がわいてくるでしょう？

あなたの周りの力は、公平に、そして、思いやりを持って使われている？　そうなるようにする方法はいろいろあります。学校では、人に対して思いやりと敬意を持って行動すること。自分を信じ、自信を持って考えを述べ、他の人の考えもよく聞くこと。それから、いじめのように、力が不公平な使われ方をしていると感じたら、いじめられている子を助けたり、先生に知らせたりすること。

家では、家族のルールをみんなで話し合って決めることを提案してみて。定期的に家族会議をすれば、みんなが考えや気持ちを伝え合うことができます。順番に議長をするのも良いアイデア！

知識の力
たくさん勉強することに意味があるの？

　もっと力をつける方法の一つは、周りの世界についてよりよく学び、よりよく考えること。知識があればあるほど、物事について自分で決めることができます。

　自分の国の政府のしくみをどのくらい知ってる？　だれに力があって、その力はどんなふうに使われる？　自分が住む町で力を持っているのはだれ？　国を動かす人たちは、あなたに影響をおよぼすいろんなことを決めます。例えば、学校で習う科目や、車の運転をしてもよい年令や、投票できる年令、働き始めたりやめたりする年令。ニュースを読んだり聞いたりする時には、自分にとって、どの問題が大切なのかを考えてみて。いつか、あなたにも投票する日が来ます。それに、ひょっとしたら、国を動かす人になるかもしれません！

この国を動かしているのはだれ？

　知識はいろんなやり方で得ることができます。本を読む、インターネットを使う、テレビでニュースを見る、家族や友だち、先生と話すなど。読む、話す、聞く、考えるといったことは、できればできるほどいいのです！

どこで投票できる？

討論のやり方

討論は、あるテーマや問題についての話し合いです。いつも人の意見に賛成できるわけじゃなくても、それは当たり前のこと。他の人の気分を害さずに自分の意見を述べるには、こんなやり方があります。

●たくさんの事実で自分の意見を裏づける——読んだり聞いたり学んだりすればするほど、事実をたくさん見つけることができ、相手を納得させる力が増します！

●いつでも礼儀を忘れず、カッとならない。

●他の人の意見をよく聞く。ひょっとしたら、それであなたの意見が変わるかも。

読書をしたり、人の話を聞いたりすることは大切です。でも、読んだり聞いたりしたもののすべてが正しいと思いこまないで！ **自分の頭で考える**ことは大切です。いろんな人のいろんな考えにふれることは、ためになります。そうすることで、自分は何を正しいと思うのかがわかるようになっていきます。

世界はどうすれば良くなるだろう？

たくさん学んで、自分の周りのことをよく考えるようになると、公平でないことや正しくないことに気づきやすくなります。不平等にあつかわれている人たちがいることに気づくかもしれないし、当たり前だと思ってきた社会規範に疑問を感じるかもしれません。世界について考えることは、世界を良くするための第一歩です。

みんな平等かな？

広める力
自分の力は
どこまで届く？

世界を見回すと、正しくないと思うことや、公平でないと思うことがあるかもしれません。それは近くの図書館がなくなるという身近な問題かもしれないし、アマゾンの森林破壊のような地球全体にかかわる問題かもしれません。あなたならどうする？　その問題を受け入れ、力のある人がどうにかしてくれるのを待つ？　それとも自分で何かしようとする？

　ある目的を果たすための組織的な計画を運動と言います。運動はどのように広がるのでしょう？　運動は集団の力を利用し、協力して変化を起こします。ここに例があります。

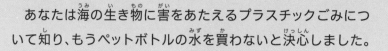

あなたは海の生き物に害をあたえるプラスチックごみについて知り、もうペットボトルの水を買わないと決心しました。

次に、考えを広めます。「ペットボトルの水を買わないで」と友だちや家族を説得し、学校でも自分の運動についてクラスのみんなに話します。

　みんなが応援してくれて、学校中でペットボトルが禁止されます。メディアの協力があると、ますますたくさんの人が運動に参加します。ペットボトルを買わない人がどんどん増えたら、有害なプラスチックは禁止されて、もっと安全な新しい素材が使われるようになるかもしれません。

運動のための準備
運動で使えるいろいろな手段

手紙 手紙を書くことは、ある問題についてのあなたの考えを、関係者に知らせるよい手段です。あなたが、女の子のおもちゃはピンクのものが多くて、男の子のおもちゃはブルーのものが多いことを不満に思っているとします。もし、たくさんの人がおもちゃメーカーに手紙を書いて、そのことをおかしいと思う理由を説明したら、メーカーは考え直すかもしれません。

メディア 地元の新聞社に運動についてインタビューをしてもらうなどして、地域のメディアを利用すれば、運動メッセージを大勢に伝えることができます。

署名運動 署名運動は、大勢の署名を集めることによって、だれかに何かをお願いする運動です。例えば、町中にリサイクル用ごみ箱を増やしたければ、地域で署名運動を始めてはどうでしょう？　集まった署名を市役所などに出すとき、その数が多ければ多いほど大きな力になります。

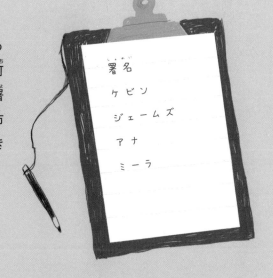

ポスターやチラシ ポスターをはったり、チラシを配ったりすることで、運動のメッセージを広められ、他の人に問題について知ってもらえます。メッセージはシンプルに。文字をたくさん並べるより、絵のほうが目を引きます。

刺激を受ける力

若くても世界を変えられる？

　自分は子供だから力がない。世界を変えるには若すぎる。もし、こんなふうに思っているのなら、それはまちがいです。

　若い活動家マララ・ユスフザイが、女の子の教育を受ける権利のために運動したことを前に述べました（39ページ）。マララは17才の時に、史上最も若くして、あの有名なノーベル平和賞を受賞しました。他にも、良いと信じるもののために戦い、世界に変化を起こした若い人たちがいます。

　そういう人たちについてよく調べ、刺激を感じてください。あなたも、きっとできます！

スウェーデン
イギリス
インド
インドネシア

　2013年、インドネシアのバリ島に住む**メラティ・ワイゼン**と**イサベル・ワイゼン**の姉妹が、プラスチック汚染を減らす運動を始めました。その時、二人はそれぞれ10才と12才。きっかけは、積極行動主義について学校で習ったことでした。刺激を受けたワイゼン姉妹は、プラスチックのレジぶくろを禁止するための署名運動を始め、10万人の署名を集めました。そして、ついには、バリの知事がバリ島からレジぶくろをなくすことを約束しました。バリにある何百もの店がレジぶくろを使うのをやめ、何万という人がボランティアでビーチをそうじしました。二人が作ったバイバイ・プラスチックバッグは国際的な若者の運動組織になり、25カ国に活動団体があります。

気候変動のための学校ストライキ

2018年、15才のスウェーデンの少女活動家**グレタ・トゥーンベリ**がスウェーデンの国会議事堂の前で、今すぐ気候変動に取り組むべきだと抗議を始めました。その訴えがきっかけとなり、気候危機対策を求める運動が世界に広がりました。グレタはリーダー的存在となり、刺激を受けた多くの学生が各地でストを行いました。2019年、グレタはノーベル平和賞の候補者になりました。

イギリスの少年**リアム・ハケット**は、ずっと学校でいじめられていました。2006年、15才のときに、インターネット上に人々がいじめの経験を語り合えるフォーラムを開きました。翌年には、これをディッチ・ザ・レーベルというウェブサイトにしました。大学を卒業すると、慈善団体ディッチ・ザ・レーベルを立ち上げ、いじめに反対する運動を行い、なやんでいる子をオンラインでサポートしました。今では、この団体はイギリス、アメリカ、メキシコで活動していて、リアムは多くの若者を救いました。

2013年、インドのラジャスタンで、12才の少女**パヤル・ジャンギド**が村の「子供議会」のリーダーに選ばれました。「子供議会」は意見を出し合い、良い方法を提案します。パヤルの村はとても貧しく、学校に行けない子や、幼いうちに結婚させられる女の子がいました。パヤルは村の子供の権利のために戦いました。他の人たちと協力しながら、講演や集会を計画したり、さらには一けんずつ家を回って、子供を学校に行かせるようお願いしたりしました。パヤルの行動は村人たちの考え方を変え、子供たちの生活はとても良くなりました。

用語集

あ行　運動　ある結果をもたらすために、くり返し行う組織的な行動。

LGBTQ　レズビアン、ゲイ、バイセクシャル、トランスジェンダー、クィアまたはクエスチョニング（自分の体の性と心の性がどちらなのかはっきりしない人）の頭文字。

エンパワーメント　知識や自信、良い変化を生む力をつけ、生活を良くすること。

か行　階層　重要さによる人や物のレベル分け。最も重要なものが、一番上に来る。

革命　政府や君主をたおすこと。たいてい武力を用いる。

隔離　人種などを理由に、わざと人々のグループを分けへだてること。

活動家　変化を起こすことを目的として行動する人。

検閲　ある情報について、政府や団体が本や新聞の発行をやめさせたり、人々に発言させないようにしたりすること。

現代奴隷　現代に残っているさまざまな形の奴隷制度。働くことを強制することなど。

権利　投票する、学校に行く、安全に暮らすといったことが自由にできること。

抗議　何かに対して反対を表明する行動。

公民権　すべての人が平等で公平にあつかわれる権利。

国民　ある国に住む人たちで、同じ歴史、言語、文化を共有する。

さ行　搾取　人を不公平なやり方であつかったり、利用したりして、利益を得ること。

差別　人種、性、障害、宗教などを理由に、個人やグループに対して不公平なあつかいをすること。

資源　人々が使うことのできるものや富。天然資源として希少な鉱物、森、石油など。

社会　ある場所に住んでいて、法律や伝統、組織などを共有する人々の大きな集団。

集会　公共の場所に大勢が集まり、良いと信じるものを応援すること。

性 男性または女性であること。体の性だけを指すのではなく、心の性も指す。体の性と心の性が同じではないと感じている人をトランスジェンダーと呼ぶ。どちらか一つに当てはまるわけではないと感じている人をノンバイナリーと呼ぶ。

請願書 人々の集団が、政府や組織に要望を述べるための文書。たくさんの人の署名を集めることがある。

政府 国や国家を治めたり支配したりする人々。

積極行動主義 社会に変化をもたらすためのデモや署名運動などの行動。

選挙 公的（多くは政治的）な立場につく人を投票で選ぶこと。

ソーシャルメディア 人々が連絡を取り合ったり、情報を共有したりするために使うウェブサイトやアプリ。

た行 デモ 何かに反対するためや、支援を求めるために、人々が集まって行進などをすること。

投票用紙 投票のための用紙。名前を書くなどして、良いと思う候補を選ぶ。

独裁者 力を独占し、ひどいやり方で支配する者。

特権 ある個人やグループだけが持つ特別な権利。

奴隷制度廃止論者 奴隷制度をなくすために活動する人。

は行 破壊行為 抗議運動や戦争で建物などをわざとこわすこと。

反乱 政府や支配者に反抗して立ち上がること。

平等 みんなが等しく、同じ権利やチャンスを持っている状態。

プロパガンダ 人々の考えや気持ちをある方向に向けるために、かたよった情報を広めること。

偏見 前もって作られ、事実にもとづかない、かたよった考え。

24時間 子供SOSダイヤル

いじめでこまったり、自分や友だちが安全でないと思ったとき、電話をするだけで、すぐに相談にのってくれる、たよれる「力」があるよ。

日本の子供たちの教育や生活について、いつも考えてくれている、文部科学省という国の機関と全国の教育委員会が協力して運営しているから、とても強い力を持っているよ。

自分の力ではまだ弱いとか、どうすることもできないと思ったら、こういう力を借りればいいことは、この本を読んできたキミたちなら、もうわかっているね。

　一人でなやまないで、すぐに相談しよう！

！ このフリーダイヤルに電話して　なやみ いおう
0120-0-78310

著者について

クレア・サンダースは、イギリスのルイスに住む、ライター、編集者。子供のトムとミアに、自分自身と世界を変える力を信じて育ってほしいと思っています。

ヘイゼル・ソングハーストは、はば広い分野の子供向けのノンフィクションを手がけるライター、編集者。本には未来の大人たちに情報と刺激をあたえる力があると信じています。

ジョージア・アムソン＝ブラッドショーは、イギリスのブライトン出身の子供向けの本のライター、編集者。6才の時にチルドレンズ・アース・セイバーズ・クラブを作って以来ずっと、自分の力で世界を変えようとしてきました。大人になってからは、メディアが社会におよぼす影響について研究し、世界をもっと住みやすくて公平な場所にするための本を書いています。

ミナ・サラミは、ライター、講演者。賞を取ったブログ「ミズ・アフロポリタン」の管理人でもあります。このブログは、アフリカ的な見方で、フェミニズムについて、そして現代文化への批判的な考えについて書いています。ガーディアン紙、CNN、BBCに記事を書くほか、欧州連合（EU）や国際連合（UN）などで演説をしています。

ミック・スカーレットは、イギリスのロンドンで活動するライター、ジャーナリスト。障害を持つ人々について深い知識を持っています。

ジョエル・アベリーノは、イギリスのロンドンで活動するコンゴ・アンゴラ系のイラストレーター。すべての子供が自分の読む本の中に自分自身を見つけられるべきだと考えています。元気のもとは、2才になるむすめのザニア＝マリー。

デビッド・ブロードベントは、イギリスのブライトンに住み、約20年イラストレーターをしています。若い人たちが世界を変えたいと思うきっかけになるような本にたずさわってきました。